EDUCAÇÃO EM PAUTA

AMARO FRANÇA
LUIZ SCHETTINI FILHO

EDUCAÇÃO EM PAUTA
FOMENTANDO NOVOS OLHARES

Dados Internacionais de Catalogação na Publicação (CIP)
Angélica Ilacqua CRB-8/7057

França, Amaro

Educação em pauta : fomentando novos olhares / Amaro França, Luiz Schettini Filho. -- São Paulo : Paulinas, 2021.

80 p. (Coleção Pedagogia e educação)

ISBN 978-65-5808-077-0

1. Prática de ensino 2. Professores 3. Educação I. Título II. Schettini Filho, Luiz III. Série

21-2327   CDD 371.3

Índice para catálogo sistemático:
1. Prática de ensino   371.3

1ª edição – 2021

Direção-geral: *Flávia Reginatto*
Editora responsável: *Andréia Schweitzer*
Coordenação de revisão: *Marina Mendonça*
Revisão: *Ana Cecilia Mari*
Gerente de produção: *Felício Calegaro Neto*
Capa: *Luciana Vieira*
Diagramação: *Tiago Filu*

Nenhuma parte desta obra poderá ser reproduzida ou transmitida por qualquer forma e/ou quaisquer meios (eletrônico ou mecânico, incluindo fotocópia e gravação) ou arquivada em qualquer sistema ou banco de dados sem permissão escrita da Editora. Direitos reservados.

Paulinas
Rua Dona Inácia Uchoa, 62
04110-020 – São Paulo – SP (Brasil)
Tel.: (11) 2125-3500
http://www.paulinas.org.br – editora@paulinas.com.br
Telemarketing e SAC: 0800-7010081

© Pia Sociedade Filhas de São Paulo – São Paulo, 2021

"Esperar de alguém mais do que
ele é capaz de dar
é ajudá-lo a crescer;
esperar apenas o que ele pode
efetivamente fazer é diminuí-lo."
Goethe

"Amaro e Schettini são educadores inteligentes, cativantes, divertidos e empáticos. Nesta obra, mais uma vez, eles trazem grandes contribuições para os educadores e para as escolas; promovendo reflexões a partir de novos olhares e *insights* provocadores de mudanças – tanto na vida pessoal quanto na dinâmica organizacional. Recomendo imensamente este trabalho dos queridos amigos, pelos quais tenho admiração e carinho!"

Renato Casagrande
Presidente do Instituto Casagrande
Vice-presidente do Instituto
de Educação Híbrida do Brasil

"A leitura desta obra singular me fez lembrar os diálogos que Paulo Freire realizou com muitos educadores e educadoras. A educação se desenrola no lugar humano e sua abrangência atinge, necessariamente, o conteúdo de humanidade em cada pessoa, na comunidade escolar e na sociedade. Gratidão aos autores!"

Rodinei Balbinot
Presidente da Sapiência
Desenvolvimento Profissional e Gerencial
e diretor-geral de educação da Rede Santa Paulina

SUMÁRIO

Prefácio 13
Apresentação 15
Um olhar sobre a pessoa do professor 17
Pessoa: um referencial em construção 27
Os referenciais educativos 35
Aprendizagens: forma e conteúdo 43
O fator estruturante do sucesso 49
Conexões e vinculações 61
Considerações finais 75
Referências 77

PREFÁCIO

Eis um livro rico – humanizado e humanizador – que chega em um momento importante, com uma mensagem tocante. Em um momento que nos aproximamos de dois anos de pandemia, em que a maioria, senão a totalidade dos seres humanos no planeta, tem medo de morrer...

Dessa forma, nada melhor do que refletir sobre a nossa vontade de viver. É, pois, a partir desse olhar que os autores se debruçam sobre a pessoa do professor, bem como convidam todos os agentes escolares à dimensão do cuidado, ao acolhimento e à motivação, para que, a partir do relacionamento do professor consigo mesmo, possa este ser capaz de construir com o aluno, a família e os demais integrantes do corpo escolar – e também para além desses – uma relação de transformação.

Sem dúvida, é chegado o momento de refletirmos sobre o sentido da vida, e isso começa dentro de nós, na certeza de que a vida não está condenada, muito menos o futuro e, menos ainda, os nossos sonhos.

Vivemos hoje uma condição delicada, difícil e desafiadora, mas não uma condenação. Afinal de contas, ser humano é, sobretudo, ser "escolhedor".

Nesta obra, por diferentes caminhos, o convite que senti é justamente este: que se pegue a vida nas mãos, que se ofereça ao professor não somente a acolhida, mas, também, a luz, a faísca, a chama e a oportunidade de que ele reflita sobre os seus propósitos pessoais e profissionais. Pois é a partir daí que o aluno espelhando-se e, para além disso, poderá encontrar também o seu próprio sentido de vida.

Desejo cordialmente uma boa leitura a todos! Que este livro possa tocar o seu coração, assim como tocou o meu, com a chama da esperança e a voz de que a distância entre o sonho e a conquista, muitas vezes, depende de nossas próprias atitudes.

Leo Fraiman
Psicoterapeuta, escritor e educador
Criador da metodologia OPEE

APRESENTAÇÃO

Eis que a vida nos concede dádivas, e que essas possam vir através dos encontros com pessoas, disso não tenhamos dúvida. Assim, poder estar, sentir, dialogar e consolidar ideias, sonhos e desejos, através desse encontro sobre educação, foi um dos grandes presentes que a vida nos deu e que, agora, compartilhamos com você, caro amigo leitor.

As reflexões e as provocações presentes nesta obra são muito mais frutos das nossas vivências – pessoais e profissionais – do que propriamente das teorias nas quais nos respaldamos para a formalização das nossas concepções.

Nossas histórias de vida (a minha e a do amigo-mestre Schettini) vêm marcadas pela convivência de longos anos, pelo profundo apreço de um pelo outro e por uma amizade plasmada no respeito às nossas singularidades. Dessa forma, edificamos uma consciência de que a educação ocorre no âmbito do campo afetivo e não no campo da competição. Sabendo que, como afirma Schettini,

"O amor que se dá será sempre a resultante do amor que se vive".

Temos a honra e a alegria de poder contar com você neste encontro dialogal, agora ampliado por sua participação, perfazendo novos caminhos sobre o papel da educação, a formação docente, a pedagogia da convivência, os desafios e as perspectivas do uso das novas tecnologias digitais, da comunicação e da informação, as novas aprendizagens quanto à forma e ao conteúdo, bem como refletindo sobre os fatores que contribuem para o alcance do sucesso educacional e de vida.

Tenhamos claro que, tratando-se de educação, não basta a intenção – a atitude é que faz a diferença. Assim, agradecemos cordialmente por sua atitude em nos acompanhar nesta jornada (sinta-se abraçado!), sabendo que só logram o verdadeiro êxito os que ousam pelo bem da humanidade!

Amaro França

UM OLHAR SOBRE A PESSOA DO PROFESSOR

Comumente o professor recebe em sua formação abordagens nas áreas das didáticas, das metodologias, dos conteúdos, das avaliações – são instrumentalizações para o seu cotidiano no exercício da docência. Porém, pouca é a abordagem da formação do professor enquanto pessoa, e dessa pessoa (professor) em sua dimensão relacional com outra pessoa (o seu aluno). Contemplemos, assim, a necessidade de focarmos na integralidade da formação da pessoa do professor e nos seus "estabelecimentos" de vínculos construtivos com os alunos – para a eficácia do processo de ensino e das diversas aprendizagens.

SCHETTINI: Quando se fala em educação, estamos falando de escola, sala de aula, professor, aluno. Então, no final das contas, temos que pensar na relação professor-aluno. Eu sempre entendi assim... E sempre lutei com uma interrogação a qual nunca pude responder satisfatoriamente, nem encontrei alguém que me ajudasse a respondê-la, que é sobre a formação do professor.

AMARO: Por muito tempo, se focou no fazer e nos resultados, esquecendo-se de pensar, de refletir e de cuidar daquele que faz o processo educacional por excelência, ou seja, a pessoa do professor.

SCHETTINI: Eu sempre interpretei assim. Observe o professor no que diz respeito a sua formação: recebe cuidados na área da metodologia (aprende metodologias), aprende conteúdos, aprende a avaliar a aprendizagem do aluno. Há uma ênfase grande nisso, mas, por outro lado, o aspecto do professor como pessoa, na relação com o aluno, fica um pouco à deriva. Você concorda?! Então, muitas vezes, o professor chega à sala de aula com um bom conteúdo, conhece as metodologias, tem uma didática até razoável, pois aprendeu alguns processos, mas, no estabelecimento da relação com o aluno, parece que se esquece de vê-lo como uma pessoa na sua singularidade.

AMARO: Há um aspecto importante na sua reflexão (e isso é até bastante abordado na psicopedagogia): o professor acaba reproduzindo os modelos de aprendizagens que vivenciou enquanto educando. Acontece que nem sempre eles são as melhores referências. Nesse sentido dinâmico da construção do processo educacional (processo de ensino e de aprendizagem), você traz a relevância da metodologia, do conteúdo, da forma da atuação, talvez até de atuação cênica do docente nesse espaço... mas acredito que há um pressuposto fundamental – o pressuposto relacional. A escritora Alicia Fernández nos dizia que o conteúdo só vai acontecer de forma efetiva se ele passar por uma dimensão afetiva. E aí me pergunto: como trabalhar com essa integralidade da pessoa do docente? Essa pergunta é provocadora – sem uma resposta única, ou talvez, diria, com diversos caminhos como respostas.

Schettini: É... Como trabalharíamos dentro desse contexto de preparação do professor como profissional na área do ensino? Trabalharíamos a parte dele, professor-pessoa. Qual é o instrumento mais importante de que o professor dispõe para fazer o seu trabalho, na área do ensino, na relação com seus alunos? Sem dúvida, é a sua pessoa. O grande instrumento é a pessoa do professor. A esse instrumento serão agregadas ferramentas como conteúdo, metodologia e didática. E como é que se faz essa preparação? Essa é a grande interrogação!

Amaro: Um dos elementos de "maior-valia" (utilizando uma expressão marxista) é que o professor tem esse valor, pois, de fato, é ele, a sua pessoa, que faz toda a diferença! Por mais que haja instrumentalizações diversas, ou até mesmo o uso de novas tecnologias digitais da comunicação e da informação (NTDICs), o professor é um grande diferencial para a construção do processo ensino-aprendizagem. Nessa perspectiva, há um livro, *O professor como pessoa*, de uma doutora, a professora Jesus Maria Sousa, da Universidade da Madeira (Portugal), cuja abordagem trata de uma teoria da dimensão pessoal do professor – uma conceptualização positiva de si próprio, por um lado, e dos outros, por outro. Ela provoca, nessa obra, reflexões sobre a formação desse sujeito – a pessoa do professor. Fico pensando, Schettini, não sei se há um déficit quanto a esse aspecto na matriz curricular dos programas de formação das áreas da docência, porque... (e aí você traz um elemento bem significativo), geralmente, prospecta-se a estrutura curricular da formação de professores sempre com base na ótica do docente para com o aluno e nos processos de vínculos e aprendizagens que isso promove, a partir da construção do conhecimento, ou das metodologias utilizadas na construção desse conhecimento; mas, por outro lado (talvez, considerando-se aquilo de que me recordo da estrutura curricular dos nossos institutos superiores de educação), pouco se reflete sobre a promoção desse olhar introspectivo, desse olhar de um "autocoaching" (usando uma linguagem atual) do professor, desse profissional enquanto pessoa, bem como do olhar cuidadoso dos outros para com o docente.

SCHETTINI: Pronto, essa é a questão! E aí você já está provocando e, ao mesmo tempo, promovendo outra questão fundamental, que é a do olhar do professor para o aluno como pessoa, não é?! – quanto a essa questão até se faz alguma coisa. Mas, antes disso, ou paralelamente a isso, reafirmo que esse olhar do professor como pessoa tem sido colocado à margem... Fico me perguntando e fazendo um paralelo: como é que o professor se modela como pessoa/profissional? Um atleta, por exemplo, se prepara em vários aspectos, segundo o objetivo que pretende conquistar. Mas e o professor, ele vai se preparar para conquistar o quê? Conquistar a possibilidade de os seus alunos apreenderem aquilo que ele vai informar. Mas não é só isso! O conteúdo que ele vai transmitir também é importante, porque a informação, sem que esteja atrelada a uma formação, tende a produzir uma "deformação", concorda?! Então, o professor tem que olhar nessas duas direções, e eu estou me abstendo aqui de fazer qualquer referência – talvez nem seja necessário agora – sobre a questão de metodologias e conteúdos; estou focando no professor como pessoa e, agora um pouco, no aluno como pessoa, pois eles têm de se encontrar (professor e aluno), porque o vínculo só se constrói quando as duas partes estão dispostas a se olharem... Uma referência que me ocorreu agora é a de Emmanuel Lévinas, filósofo, francês por adoção (ele não era francês, naturalizou-se francês, e eu nem sabia disso). Ele diz que, quando o outro olha para mim, eu me torno responsável por ele.

AMARO: Evoca um pouco da concepção do francês Antoine de Saint-Exupéry (em *O Pequeno Príncipe*), quando enfoca a relação do cuidado a partir da expressão do "cativar" e da corresponsabilidade para com o outro, e/ou, ainda, do biólogo chileno Humberto Maturana (na atualidade de seus escritos), quando afirma a importância da linguagem e da aceitação sob a ótica do outro...?!

SCHETTINI: Sim, mas é preciso olhar para mim: o olhar do outro para mim já constrói em mim uma responsabilidade por esse outro. Há um segundo livro do Lévinas, *Entre nós: ensaio sobre a alteridade*, em que ele diz que somos responsáveis até por aqueles que nos aborrecem! Então, veja: há um olhar para o aluno, em que o professor vai enfrentar suas limitações (sem sombra de dúvida), mas é preciso olhar para esse aluno como pessoa, dentro do contexto de suas singularidades. Aí entra o quê?! Entra o ritmo, o potencial intelectual do estudante, sua disponibilidade. E tem algo por trás de tudo isso, que é aonde o professor vai encontrar uma barreira: a história familiar do aluno.

AMARO: Em um dos seus livros mais recentes, *Pedagogia da convivência*, você toca na questão da importância do professor primeiro se conhecer, para poder conhecer o outro, a quem se destina o seu fazer.

SCHETTINI: É, é isso!

Amaro: ... para depois esse professor poder criar vínculos afetivos e efetivos, e isso é bastante rico, profundo. Recordo aqui o escritor Anselm Grün, no livro *A arte de ser líder de si mesmo para ser líder de pessoas*. Acredito que o trabalho de autoconhecimento, de autovalorização, de sentir-se pertencente, tem um sentido mais amplo de existência. Tudo vai conectar-se em um elo muito forte para a dimensão da docência – que tem um esplendoroso valor profissional. Mas também um valor que, talvez, hoje as pessoas não queiram pensar muito sobre: na docência, há uma dimensão de missão, isso sem descartar, obviamente, o valor profissional. Uma coisa não anula a outra, pois, por essência, a dimensão do ser professor é uma dimensão de entrega, não é?! Então, passa por essa construção de sentido, essa construção de propósito.

É importante refletirmos sobre isso e percebermos, por exemplo, porque os índices de comprometimento da saúde do professor são alarmantes no cotidiano educacional. (Você tem mais propriedade do que eu, nesse sentido, para identificar alguma dessas raízes...) Por que são tão gritantes as questões de comprometimentos psíquicos num considerável número de profissionais que exercem a docência hoje? É óbvio que não se trata de um único fator gerador, existem "inúmeros" elementos-desafios que aqui não vamos abordar, mas há um elemento pressuposto desse aspecto do sujeito enquanto indivíduo, enquanto pessoa singular, para poder fazer depois uma relação de aporte com o conhecimento – num vínculo estabelecido que reflete posteriormente na dinâmica da sala de aula, na dinâmica da construção do conhecimento.

SCHETTINI: É... Eu até resumiria a questão assim: escolheria três palavras exatamente nesta ordem que vou colocar. Elas seriam (nesta ordem, até de grandeza e de importância): *ser*, *estar* e *fazer*. Observo que isso ocorre não só nessa área da relação com o professor, mas em outras áreas também, pois parece que as pessoas começam pelo caminho inverso, isto é, iniciam pelo fazer. O fazer torna-se a grande conquista.

AMARO: Até no fator de identidade, não é?! Quando se pergunta: "Quem você é?", a pessoa já vai dizendo o que ela faz.

SCHETTINI: É... Quando se pergunta: "Quem é você?!", a resposta é: sou professor, engenheiro, médico. Ora, isso é o que a pessoa faz! Tive uma experiência pessoal em relação a isso, que foi uma brincadeira que fiz e na qual me dei mal. Eu estava viajando pelo exterior e, em uma dessas fronteiras, se não me engano foi na Inglaterra – onde o povo é mais circunspecto –, não sei o que deu na minha cabeça (naquela época, eu tinha 28 anos de idade...). Bem, a autoridade lá simplesmente pediu meu documento e inicialmente me perguntou: "Quem é o senhor?". E assim eu respondi: "Sou uma pessoa tranquila, que gosta de ouvir os outros. Às vezes, gosto de falar"... E aí, prontamente, ele me interrompeu e disse, de forma ríspida: "Não estou perguntando isso". Então, criou-se um clima difícil... Ele pediu os meus documentos e fiquei umas duas horas lá para dar explicações, porque, na realidade, não sou aquele nome, filho de fulano e fulana, mas também não sou aquela profissão. O que sou não tem a ver diretamente com o que faço, embora o que faço tenha, muitas vezes, a ver com o que eu sou. Então, veja, Amaro, a direção não é ser "como eu estou sendo pessoa", e sim de que forma sou pessoa, pois, no momento em que me percebo como pessoa e, ainda mais, quando percebo o sentido da minha vida como pessoa, aí eu tenho condição de estar. E aí vem a segunda palavra: "estar" – estar com as pessoas. Trata-se da convivência, e isso, para mim, é importante. Posso estar bem com as pessoas e, com esses dois elementos (ser e estar), vou naturalmente desembocar no fazer. Então, é o ser, o estar e o fazer. Isso lembra uma observação de Clarice Lispector: "A palavra mais importante da língua tem uma única letra: é" – porque vem do verbo "ser". Então, chegamos ao ponto: como é que um professor pode estar sendo pessoa para poder incorporar nele o professor? Fica essa provocação para outro diálogo...

PESSOA: UM REFERENCIAL EM CONSTRUÇÃO

Os referenciais de profissionais adotados nas práticas das docências, em grande parte, têm origem nas experiências vivenciadas por esses profissionais quando eram alunos – aprendizes em tenra idade, "observando" as práticas pedagógicas dos seus diversos professores. Essas práticas muitas vezes são "reaplicadas", quando esse ex-aluno se torna professor, e isso se dá quase de maneira inconsciente. Faz-se necessário aqui encontrar uma constituição de singularidade do ser pessoa, antes mesmo do ser profissional-professor. Essa pessoa precisa ir se compondo com base em uma relação de amorosidade consigo mesma, bem como na sua descoberta identitária e de propósito existencial, para se tornar, na relação com o outro (principalmente com o aluno), um ser de novas possibilidades e de olhares construtivos de vida.

AMARO: No nosso recente encontro, Schettini, conversávamos acerca do professor enquanto pessoa, da sua formação humana e, também, da sua formação docente, mas com foco no professor enquanto sujeito, enquanto pessoa, bem como nas relações estabelecidas a partir desse princípio. Evocaram-se em nosso diálogo três palavras-chave: *ser*, *estar* e *fazer*. Você deve se recordar de que essas palavras estão muito alinhadas a quatro pilares – os elementos pressupostos da educação básica da UNESCO: o *aprender a conhecer*, o *aprender a fazer*, o *aprender a conviver* e o *aprender a ser*.

SCHETTINI: Exatamente! Quem tem uma ideia parecida é o educador francês Philippe Meirieu, que transita muito na área da psicologia. Gosto muito dele porque toma uma vertente dessas e a segue vigorosamente, mesmo que termine em uma interrogação. Os livros do Meirieu são muito interessantes no que respeita a essa perspectiva, a essa direção. Nós, que hoje somos docentes, se começarmos a pensar nos professores que tivemos na infância e na adolescência, e mesmo na idade adulta, iremos perceber que um grupo expressivo deles não tinha preparação para ser professor. Podiam ser profundos conhecedores da disciplina que ministravam; podiam, também, utilizar uma metodologia eficiente. Mas parece que havia um divórcio entre eles e o aluno. Estou me referindo à cinquenta, sessenta anos atrás... Hoje, já não me parece ser assim, mas ainda existe um abismo entre o ser-pessoa e o ser-pessoa-professor no sentido de ver o aluno como pessoa.

Amaro: Isso é significativo, se ampliarmos a reflexão para um olhar histórico. Podemos fazer o seguinte recorte: a relação professor-aluno, muitas vezes, era uma relação hierarquizada e piramidal, de extremo "respeito" ou até mesmo medo. Porém, depois, a sociedade parece ter saído de um extremo e ido para o outro. E aí é onde, a meu ver, perde-se boa parte do vínculo. Em minha concepção, essa linha tênue entre a autoridade constituída do profissional e a relação horizontalizada para com os alunos pode "gerar" uma ausência de respeito, levando a uma espécie de "coleguismo". Ou seja, passa a haver o mesmo nível de relações, em que o adulto (o profissional) parece, algumas vezes, mais infantil do que até a própria criança e/ou adolescente.

Schettini: Já se vê isso...

Amaro: É... Há outro contraponto da história: encontrar, nessa constituição de singularidade, esse ponto de equilíbrio em que o educador tem um papel preponderante de referência, de construção de valores, principalmente no contexto atual, no qual a juventude, de forma geral, é "bombardeada" por uma série de elementos e tudo é colocado em xeque. O sociólogo e escritor Domenico de Masi, em seu livro *Alfabeto da sociedade desorientada*, trata com maestria dessa questão. Hoje, é fundamental o professor ser sempre uma referência daquela constituição axiológica – de uma base valorativa humana –, porque estamos em um momento de enorme crise de identidade, gerada por uma variável de fatores e, nesse sentido, na educação, não basta apenas a construção do conhecimento cognitivo, pois esse passa essencialmente por uma base relacional de formação do sujeito, de formação de caráter.

SCHETTINI: E aí, deixe-me lembrar uma coisa a você, Amaro, agora entrando no viés mais psicológico dessa questão: com frequência, o aluno, a criança ou o adolescente, não tem a referência de pessoa de que precisa para se construir como indivíduo. De qualquer modo, precisa de um referencial; muitas vezes, não tem isso dentro do grupo familiar, seja no pai, na mãe ou nas pessoas responsáveis pelo seu processo de formação. Então, esses educandos vão para a escola e os professores, frequentemente, sem o saber, são tomados por alguns deles como referência. E aí será legítimo perguntar: tal referência preencheria as necessidades pessoais do aluno? O professor tem uma responsabilidade imensa, porque está diante de pessoas em formação. Usando uma expressão, no seu sentido educativo: não acredito em desenvolvimento sem envolvimento.

AMARO: Por excelência, somos seres relacionais. A nossa constituição de ser se "estrutura" continuamente a partir da identificação do outro, ou do olhar do outro, como referendávamos anteriormente. Eu me constituo um ser pessoa porque o outro também o é. E, nessa relação (correlação), constituímo-nos a partir de um envolvimento, de um relacionamento. Dessa forma, a relação de aprendizagem vai muito além de um envolvimento cognitivo; ela é, antes de tudo, um envolvimento humano.

SCHETTINI: Esse envolvimento pode ser fatiado em outras expressões, outras palavras, como "acolhimento", "amorosidade", a percepção do outro como outro, com suas singularidades... Então, é preciso haver um envolvimento para que se processe o desenvolvimento. E, ao mesmo tempo, tem uma coisa interessante aí: o que é o desenvolvimento no processo educativo, do ponto de vista psicológico de uma criança, de um adolescente? É deixar de ser envolvido por aqueles que querem imprimir uma marca, sem olhar para aquilo que essa criança, adolescente ou aluno pode ser.

AMARO: Uma construção de autonomia?

SCHETTINI: Essa questão da necessidade do aluno de ter uma referência... (retomando o caminho dessa reflexão). Se ele, enquanto pessoa, tem um referencial adequado no ambiente familiar ou em outro compartimento da vida dele, tudo bem. Entretanto, às vezes, as referências são frágeis, contraditórias. E vemos isso hoje em dia, cada vez mais. Na minha experiência dentro de consultório de psicologia clínica com crianças e adolescentes e, por consequência, com os pais, é o que mais encontro.

AMARO: Na realidade escolar, não tenha dúvida de que o reflexo, infelizmente, é o mesmo. Será que essa questão não estaria atrelada a um fator de base dos próprios pais ou responsáveis por sua primeira infância – quanto à sua formação enquanto sujeitos e suas experiências ou mesmo quanto a essas ausências vividas por eles próprios? Será que não adotam um modelo compensatório material (quando possível), no qual, de certa maneira, por não estarem afetiva e efetivamente presentes no vínculo interpessoal na educação dos filhos, "os compensam com presentes" e/ou, ainda muitas vezes, acabam terceirizando esse papel essencial da formação do caráter da sua prole...?

SCHETTINI: Ah, sem dúvida! Sobre a construção do vínculo afetivo, teríamos que invocar Donald Winnicott, quando ele fala nessa questão da mãe suficientemente boa. Foi uma observação extraordinária que ele fez; não falou simplesmente da mãe boa, naquele sentido que pensaríamos, da mãe quase perfeita, não. Ele diz que a mãe, e posso fazer uma abordagem em sentido genérico, isto é, qualquer pessoa que cuida de uma criança, tem que ser suficientemente boa. Essa pessoa não tem que ser a pessoa perfeita, até porque isso colocaria um peso da esperança em cima da criança que ela não poderia carregar. Uma das grandes questões é que pais e educadores põem nos ombros das crianças e dos alunos esperanças as quais eles não podem atender. E isso por "n" razões. Razões de limitações naquela área, por terem percebido ou estarem percebendo a vida de outra forma... E, então, começam a construir sentimentos de culpa que vão desembocar, muitas vezes, no que chamamos de evasão escolar.

Há um autor italiano, na área de educação, que usa uma expressão muito forte. Ele não fala em "evasão escolar", mas em "mortalidade escolar", porque a criança morre para a escola. Provavelmente, se houvesse uma relação afetiva satisfatória desse professor com o aluno, isso não aconteceria. Aliás, queria dizer uma coisa que martela na minha cabeça: "Tudo o que é bom só é feito no âmbito de uma declaração de amor" (criei essa frase há muitos anos e ela fica voltando de vez em quando em minha mente).

AMARO: E, quanto a esse aspecto, você coloca isso no sentido de ser verbalizado? Ou, ainda, de se ter o gestual, a manifestação do rito mesmo, em uma expressão concreta do amor, afinal, somos seres de linguagens múltiplas. Existe um livro de um autor chamado Gary Chapman, intitulado *As cinco linguagens do amor*, em que ele expressa que há cinco linguagens básicas do amor: *palavras de afirmação, qualidade de tempo, receber presentes, formas de servir* e *toque físico* – linguagens essas nas quais o amor é expresso e compreendido.

SCHETTINI: Sim... Veja: acredito que hoje, quando se menciona a palavra "amor" (palavra essa altamente desgastada, que até deixamos de falar), está se falando em "afeto". Afeto não é propriamente amor, é outro sentimento.

Amaro: É... Praticamente, "afeto" tornou-se sinônimo de "amor".

Schettini: Dessa forma, "traduziu-se" o amor em afeto. Quando falamos em afeto, queremos dizer amor, deixando os demais afetos à margem; mas acho que não tem que ser apenas dessa forma expressiva, concreta, objetiva, verbalizada... pode, em determinados contextos. O amor chega ao outro, principalmente, pela atitude, e não necessariamente por uma ação concreta.

Amaro: A escola é um espaço privilegiado de convivência e de cultivo de atitudes que devem engrandecer sempre as pessoas... Obrigado, amigo-mestre, por esse diálogo, por essa partilha!

Schettini: Foi bom dialogar com você. Afetuoso abraço, amigo!

OS REFERENCIAIS EDUCATIVOS

A formação educacional, antes de tudo, é uma formação relacional. Há um estabelecimento de vínculos: pessoa a pessoa – professor – aluno. Embora nem sempre estejamos cônscios disso. Assim, nesse processo da educação como "alimentação" relacional, o professor tem um papel de importância indescritível. Ele é, muitas vezes, a única referência positiva, axiológica, para seu aluno; principalmente, em um mundo no qual as "conexões" entre pais e filhos estão fragilizadas, por diversos fatores. A valorização do referencial educativo da pessoa do professor passa pela boa condição de trabalho, pelo seu reconhecimento social, inclusive pela valorização financeira do seu salário – fatores que outorgam um "empoderamento" do professor.

Amaro: Falar de afeto, de amor, no processo de formação da pessoa, e, também, desses sentimentos no processo educacional, é algo de uma expressividade enorme. Diria que é algo que tem um cuidado que exige sensibilidade para com o outro, olhando-o em sua singularidade, tendo gestos e atitudes que podem corroborar e fortalecê-lo, principalmente, quando se trata de crianças e adolescentes em processo de formação. Na verdade, a educação passa por uma "alimentação" relacional. Uma das carências mais presentes na sociedade hoje, e fiz um pouco dessa reflexão em um dos nossos diálogos anteriores, tem a ver com a forma como a sociedade vem cuidando dos seus filhos. Há um autor argentino, chamado Sergio Sinay, cujo título do livro é *A sociedade dos filhos órfãos: quando pais e mães abandonam suas responsabilidades*. Nesse livro, o autor reflete que, para ser realmente pai ou mãe, não basta "colocar filhos no mundo": a paternidade e a maternidade envolvem questões como impor limites, dar conselhos e estabelecer vínculos, ou seja, exige-se uma conexão real com seu filho ou com sua filha. Já trouxemos um pouco dessa discussão, quando falávamos da primeira infância – da falta de referência ou de não se estabelecer esse vínculo de referência, que, depois, no ambiente escolar, o aluno busca no professor, tendo-o como elemento-chave nessa construção da sua personalidade.

Acredito que, de fato, há uma crise maior do que a que podemos contemplar quanto a esse aspecto. Você,

Schettini, certamente, na realidade do seu consultório, e nós, na realidade da dinâmica escolar, sabemos o quanto é fundamental para a construção do sujeito, enquanto pessoa, o referencial dos que exercem a função da paternidade e da maternidade, no tocante à formação de uma base valorativa ou na criação de pequenos hábitos. Mas, infelizmente, isso está em crise, por conta desse elemento da "orfandade" refletido pelo Sinay. Essa é uma questão muito séria, sabe...

SCHETTINI: É, sim... sem dúvida. Deixe-me evocar aqui um... Vamos fazer um parêntese, mas que acredito que cabe muito bem dentro do que estamos buscando. As crianças, por exemplo, que saíram da sua família por não poderem permanecer ali. A lei exige que se tirem as crianças do convívio familiar, não é?!... Quando essas crianças são maltratadas ou, enfim... O pai ou a mãe são destituídos do hoje chamado "poder familiar", e o encargo de ficar com essas crianças é passado para o Estado, porque permanecer na família estava sendo prejudicial a elas. Então, são levadas para instituições de acolhimento, que também não lhes proporcionam muito mais do que estava sendo oferecido pela família. Mas, pelo menos, livram-nas daquelas situações vexatórias e destruidoras. As crianças, muitas vezes, passam vários anos ali, e, depois, muitas delas vão fazer parte de uma família estranha a sua: a família adotiva. Então, essa família vai preparada para acolher essa criança com muita expectativa, naturalmente, porém, quase sempre, desconsideram de fato a história dessa criança e sua ausência de vínculos... Hoje, inclusive, a lei regula essa preparação das pessoas que querem adotar filhos. Há uma exigência da lei, do ECA (Estatuto da Criança e do Adolescente), de que as pessoas que querem adotar, além de cumprirem toda aquela exigência legal, documental, têm que passar por um processo (que ainda é muito curto) de preparação para receber a criança. E, ainda assim, vemos coisas absurdas, cheias de boa intenção... Só um pequeno exemplo: uma criança que chega com um, dois, três anos a uma instituição de acolhimento, e fica três, quatro, cinco, seis anos ali dentro e, depois, é adotada por uma família. Essa família quer o melhor para essa criança. O que ela faz? Coloca no melhor colégio que pode, esquecendo que a escolaridade dessa criança, o contato dela com a escola era, quando muito, em uma escola pública, às vezes, muito mal preparada (como conhecemos em algumas situações), ou era com algum professor que dava aulas básicas dentro da própria instituição... A criança vai viver com essa família, vai para uma escola com requisitos muito bons... O que acontece? Ela se vê perdida, incapaz. É um problema complicadíssimo, porque vai chegar o momento em que ela não desejará mais ir para a escola. Vamos ver outro lado dessa questão: os pais adotivos querem dar à tal criança uma alimentação altamente saudável, claro, não é?! Mas essa criança só comia feijão com arroz, e olhe lá! Então, eles agora a colocam à mesa para comer brócolis, que ela detesta. "Eu nunca comi isso e não quero!", ela diz, e os pais não entendem, porque estão oferecendo o melhor, mas ela não aceita. Esse melhor, na verdade, está vindo em momento e de forma inadequados. Se transplantarmos esse tipo de situação para nossa escola, para nossos alunos e professores, será necessário haver uma adequação não do que oferecemos ao aluno, mas da forma como fazemos isso, segundo as circunstâncias dele e as suas características pessoais. Posso estar pensando muito alto, isso pode até ser uma utopia, mas temos que pensar a respeito.

AMARO: É o que hoje várias teorias pedagógicas abordam e tendem a chamar a atenção, no sentido da particularidade, não só para o modelo de adoção de novas metodologias ativas, mas para a singularidade das pessoas e dos seus processos de aprendizagem, porque aquilo que a escola, enquanto instituição, em determinado momento, adotou como modelo, foi algo que tinha sua raiz plasmada na Revolução Industrial (uma produção quase que em série). Essa particularidade ou singularidade relacional na relação pedagógica, estabelecida outrora, se perdeu. Sem devaneios, sabemos o quanto isso é difícil em uma dinâmica educativa, dentro do cotidiano de sala de aula estabelecido ainda hoje. Mas o docente que tem um olhar mais sensível à realidade do seu aluno, consegue entender e desenvolver alguns elementos que farão a diferença na vida desse educando (criança ou adolescente), e isso, para mim, é um fator de transformação na vida da pessoa, um fator imensurável. Quando recordamos, por exemplo, as nossas histórias e as nossas relações com os professores – aqueles que nos deixaram alguma marca mais significativa –, é porque eles tinham um olhar diferenciado, práticas talvez não tão "conteudistas", agregadas a elementos que nos marcaram enquanto pessoas em desenvolvimento. E acredito que esse é um caminho que a educação pode trilhar ou buscar, para "minimizar" um pouco esses tantos déficits que nós temos, principalmente, quanto ao aspecto relacional na constituição familiar, que, nem sempre, tem a composição mínima necessária para a formação e desenvolvimento do sujeito. Mas é preciso deixar claro que esse não é um papel por excelência da escola; ela entra, a meu ver, como um fator contributivo; nada exime o papel da família e da sociedade.

SCHETTINI: Seguindo um caminho de pensamento... Ocorreram-me mais três palavras. Há um ou dois séculos, não tenho certeza, mas podemos até verificar... Nas escolas da época (muitas não tinham um espaço físico específico), havia o professor, que era o mestre, e os seus discípulos. Ao longo do tempo, esses discípulos foram se transformando e assumiram outra postura, porque foram levados a isso, tornando-se alunos.

Devido à ordem do mercado, de alunos da escola eles passaram a clientes. Até a própria legislação coloca a escola em certas situações difíceis. Se um professor faz algo como, por exemplo, "botar o aluno para fora de sala", por qualquer motivo (antigamente isso nem se questionava, enfim...), o pai do aluno, agora "cliente", pode ir à justiça, pois a escola não estaria, ou não está, entregando "a mercadoria" que foi comprada e paga! Veja como mudou a situação: de discípulo para aluno e, depois, para cliente. Ora, isso traz dificuldades para o docente! Como é que ele vai lidar com essa questão? O professor tem que ter uma preparação muito além dessa que vem recebendo.

AMARO: O que lamentavelmente, de certa forma, acontece muito, na realidade educacional brasileira... Compartilho, com amigos gestores, essa preocupação crescente e que tem ocupado bastante tempo, exigido energia e esforços da gestão, ao que se intitulou "judicialização dos processos educacionais". Então, em uma sociedade em que tudo é colocado em xeque, inclusive a figura do professor, educar com base em valores humanos é muito desafiador. Felizmente, para algumas sociedades (falando em contexto mundial), preza-se e se legitima a representatividade do professor, tendo este um nível de reconhecimento e de autoridade social.

SCHETTINI: Sim, mas estou falando aqui da nossa...

AMARO: Sim, infelizmente, aqui no Ocidente, e, particularmente, na sociedade brasileira, essa desconstrução da autoridade do professor, do "poder" da docência, passa por vários elementos, que vão desde a condição de trabalho, do reconhecimento, à valorização financeira da profissão; mas, também, há elementos do próprio sujeito em se reconhecer como valor próprio, capaz de fazer a diferença na sociedade. De fato, existe uma complexidade de variáveis nesse sentido. Pois bem, há uma necessidade de empoderamento da docência. Esse *empowerment* do professor tem aspectos que são de ordem estrutural, macro e política, mas também de ordem da dinâmica pessoal, e acredito que isso responde àquele primeiro elemento da pessoa do professor, a pessoa que deve estar e se sentir empoderada. Pois esse professor tem uma missão muito grande não só para um indivíduo em específico, mas para todos os seus alunos e para a sociedade como um todo.

APRENDIZAGENS: FORMA E CONTEÚDO

Um grande diferencial da educação é o olhar de possibilidades. O professor, muitas vezes, ao observar o aluno, só enxerga o que está faltando, sem ver o que ele tem a oferecer, o que já conquistou... No exercício da docência, é necessário compreender que, na dinâmica da aprendizagem, existe o tempo da coletividade, ainda por sua vez, o tempo da particularidade – em um neologismo: o tempo da "pessoalidade". E esse talvez seja um dos grandes desafios da aprendizagem do próprio papel do ser docente. Pois o conteúdo que se transmite, enquanto professor, deve ser executado de uma forma profundamente humana, considerando que, sem afetividade na forma de transmitir, certamente, não ocorrerá efetividade de aprendizagem do conteúdo.

SCHETTINI: Felizmente, Amaro, conheci professores extraordinários, como pessoas e também como profissionais, embora alguns deles não chegassem nem perto da autoridade em relação ao conhecimento de outros professores mais intelectuais. No entanto, eles tinham outros conhecimentos, habilidades e competências que "tocavam" os alunos, e se tornavam uma referência. Vou dar um exemplo que fica fácil de entender... Vamos tomar o exemplo de um aluno com uma característica bem marcante, a timidez (a própria timidez).

Os alunos tímidos fogem da escola; eles se escondem dentro dela. Sofrem horrores lá, dentro deles próprios, não acha?! Pedir a eles que façam alguma atividade em grupo, por exemplo, dentro da sala de aula, é a morte! Há professores que, na tentativa de ajudar esses alunos, forçam-nos a ler um texto diante da classe... "Ele vai descobrir, ao ler, que não irá acontecer nada de estranho e, talvez assim, vá superando a timidez", dizem. Não é esse o caminho... Em geral, não é, não... Tenho imensa experiência nessa área de alunos com timidez patológica, e o caminho para ajudá-los é outro. É preciso estar com esse aluno, de forma que perceba que estou com ele, mas sem exercer pressão, para que, assim, modifique seu comportamento, ou seja, a timidez. E isso traz um outro viés. O professor, muitas vezes, olha para o aluno e só vê com clareza o que está faltando, e não o que ele tem a oferecer, o que já conquistou.

AMARO: Sobre isso, eu quero trazer um aporte... É que, por termos uma dinâmica de vida muito intensa (principalmente no momento atual) e de cobrança de resultados, queremos construir processos educacionais sem considerar o nível de tolerância ou de paciência do envolvimento e do desenvolvimento de cada um. Isso, para mim, é um fator preocupante, porque há o tempo do crescimento, da maturação, e cada um tem o seu, pois cada indivíduo é único, não é?! Eu diria, muito específico! É óbvio que existe o tempo da coletividade, mas devemos respeitar o tempo da particularidade. Apropriando-me de uma expressão que você costuma usar, o tempo da "pessoalidade". Nesse sentido, nós vivemos em uma sociedade intensa em toda a sua dinâmica, e aqui me vem à mente a provocação de um teólogo naturalizado alemão, mas de origem coreana, chamado Byung-Chul Han, que faz uma profunda crítica a essa dita sociedade do conhecimento, que ele cognomina "sociedade do cansaço". Em um dos seus livros, *Sociedade do cansaço*, afirma que, na sociedade "dita do otimismo exacerbado", todo mundo tem que alcançar níveis exagerados de desenvolvimento. Porém, cada um tem o seu elemento de construção pessoal, a sua singularidade. Mas há outro fator, Schettini, para o qual você também nos tem alertado em seus escritos e palestras, e que é tão necessário na construção das pessoas e dos seus relacionamentos: o valor da paciência – algo que não é tão comum hoje.

SCHETTINI: Vou citar uma referência interessante do Humberto Maturana: ele fala que precisamos ter paciência, e paciência não é tolerância. Ele diz que tolerância é mais ou menos assim: você está certo, eu espero, concordo, mas, depois de algum tempo, vou torcer o seu pescoço. Isso é tolerância! A paciência não se utiliza desses recursos. Ela espera, estimula (não foi o autor que disse isso, naturalmente, sou eu que estou fazendo essa reflexão), e não olha simplesmente para o que falta no outro, mas sim para o que ele tem ou já conquistou, ou, ainda, o que pode vir a fazer.

AMARO: Acredito que a educação tem o papel de fomentar um novo olhar para essa questão; talvez seja por isso que a pauta das competências socioemocionais em educação é tão pertinente e atual. Temos necessidade de reelaboração do olhar, do valor do olhar sobre as pessoas, porque, naturalmente, parece que é intrínseco ao ser humano sempre destacar aquilo que é de ordem negativa, que ainda não foi aprimorado. Se tivéssemos uma perspectiva mais ampla de compreensão, de desenvolvimento da pessoa e do mundo, poderíamos entrar em uma dimensão do que há de bom, do que já foi conquistado.

Nesse sentido, claro, existem técnicas, por exemplo, como as usadas nas organizações ou nos ambientes escolares: se é um elogio, que seja realizado em público; se for uma crítica, uma correção, deve acontecer em uma conversa particular. E aí se fomenta um fator motivador do elemento do desenvolvimento, ou seja, o elogio verdadeiro, que, em algumas situações, acabamos esquecendo. Até no cotidiano da sala de aula é possível se apropriar dessa "estratégia de alavancagem". Acontece que, muitas vezes, como, por exemplo, em situações de correção de uma atividade (dever de casa ou outra), o professor, quando se depara com um erro por parte do aluno, em vez de perceber isso como processo pela busca do acerto, ele opta por tomar a referência desse erro e, de uma forma crítica (acirrada), desconstrói até aquilo que é de essência da valoração do sujeito, que está começando a se constituir e a se construir como pessoa...

SCHETTINI: Aí vem a relação de forma e conteúdo.

AMARO: Forma, conteúdo e o poder das palavras, principalmente, as que tocam e transformam o outro, não é?!

SCHETTINI: É. Essa questão que você mencionou, da forma e do conteúdo, é fundamental, porque podemos até dizer coisas difíceis a outra pessoa, coisas difíceis de ela ouvir, mas também podemos encontrar formas de dizê-las, sem que ela se sinta minimizada, destruída, ou sem que afete seu nível de ansiedade e de angústia. Há crianças, por exemplo, que, muitas vezes, dizemos ter dificuldade de aprendizagem. No entanto, acho que são bem poucas as que realmente têm dificuldade... Muitas delas não aprendem por outras razões, e não por uma questão de minimização de sua capacidade intelectual (para aprender aquele tipo de conteúdo). Aí entra a dispersão da atenção, surgem outros elementos de ordem psicológica que criam bloqueios na aprendizagem, e por aí afora... Mas me lembrei de um teólogo alemão e filósofo também, o Paul Tillich, quando ele diz que "há pessoas que têm muita dificuldade de aceitar a aceitação". E aí vem a questão do elogio. Às vezes, o professor ou a professora vai em busca de meios para ajudar aquela criança que nunca consegue fazer as atividades, que resiste, que foge, de forma que alcance um bom resultado. Até que um dia, a criança consegue esse resultado. E, quando isso acontece, o professor lhe dirige uma "carrada" de elogios: "Olha aí, eu não disse que ia conseguir? Você consegue! Você tem condição! Olha como isso ficou bom!". Para certas crianças, essa atitude será a decretação do fim, e irão passar a fazer tudo pior do que antes, pois não suportarão a possibilidade de serem exigidas, de terem que fazer coisas melhores para receber elogios, sendo que elas não se sentem "capazes".

AMARO: Corresponde um pouco ao pensamento da esperança depositada?

SCHETTINI: Pronto, da esperança depositada – demasiada, diante da visão da pessoa... Mas isso fica para outro diálogo.

O FATOR ESTRUTURANTE DO SUCESSO

Acreditamos ser importantíssimo na educação atual o uso das novas tecnologias da informação e da comunicação, e, também, que é fundamental o papel do professor na ressignificação das aprendizagens. Dentre as aprendizagens significativas, há a necessidade de estar se formando novos hábitos, em um reconhecimento de valores e formação de caráter. Assim, fatores como o estabelecimento de vínculos, a autorregulação e a disciplina (embora muitas vezes, na atual sociedade, sejam dimensões "preteridas") são preponderantes para a construção do sucesso.

Amaro: Refletíamos, anteriormente, sobre a "esperança depositada", por parte dos pais, na formação dos filhos, principalmente, quando estes cursam o Ensino Médio. Na "esperança depositada", há uma implicância séria, quando se tangencia a questão da escolha profissional na adolescência ou no início da juventude. Muitos pais devotamente dedicam toda a sua atenção e, até talvez, aquele nível de frustração de não realização profissional no filho, depositando nele tudo aquilo que não conseguiram realizar ou almejar profissionalmente. Por que estou trazendo essa provocação...? Considero um fator crítico, principalmente, diante do contexto que temos das novas profissões, dos processos de escolha e do quão difícil é, para o adolescente, se deparar com esse quadro, em especial quando a família não acolhe e/ou não respeita os seus desejos ou a sua identidade. Por isso, considero importante buscar a reflexão ou até mesmo a desconstrução, para deixar livre o processo de escolha, de tomada de decisão. Afinal, quando se trata de uma questão de realização profissional, vem agregada aí a realização pessoal, não é? Imagine como é fazer uma escolha que não o completa...?!

Schettini: É, sim... Veja uma coisa interessante, de natureza histórica: vamos retroceder algumas décadas, ou muitas décadas, quando era mais comum que os filhos seguissem a profissão dos pais. Profissões essas que eram de marceneiro, ferreiro... Os filhos, geralmente, começavam ajudando os pais e iam aprendendo e, muitas vezes, tomavam gosto por aquela atividade (aprendiam a profissão e, por vezes, eram melhores que os pais). Se formos pensar, os pais de hoje, de maneira geral, não podem mais ensinar sua profissão aos filhos: o advogado não pode ensinar a ser advogado, o médico não pode ensinar a ser médico. Os filhos vão ter que passar por todas as etapas que os pais passaram, se quiserem seguir pelo mesmo caminho. Vivemos, na atualidade, em um mundo muito diferente.

Com a observação que você fez, dessa pluralidade, essa diversidade de novas profissões não se ajusta àquelas ideias que foram incutidas na cabeça dos adultos pelas gerações anteriores, não é?! Ou seja, de que a profissão precisa trazer *status*, compensação financeira, econômica, que garanta um futuro, bem como de que precisa ser bem-vista pela sociedade. Isso cria uma dificuldade com relação a dezenas de profissões novas que estão aparecendo.

Amaro: E também com relação a tantas que irão surgir em pouquíssimo tempo, das quais não temos ainda a menor ideia. E aí desejo trazer outro elemento de reflexão desafiador, mas de boa perspectiva: quando conseguimos interagir de forma saudável – a interação com a dinâmica das novas tecnologias – na vida das pessoas e na forma prática do contexto educacional, ou seja, como instrumentalização da docência como um elemento do processo de ensino e de aprendizagem. Por que estou trazendo essa reflexão? Porque hoje nós temos, na sociedade (e isso é um retrato da juventude principalmente), indicadores crescentes e alarmantes das patologias neuronais e dos índices preocupantes de suicídio entre os jovens. Quero refletir sobre o que antecede esse quadro, no sentido de como se dá o fator de sobreposição relacional, o papel da família, da escola, dos amigos, enfim, dessa dimensão que, na minha análise, é tão valorativa e que vem sendo substituída, muitas vezes, por outros tipos de "conexões" ou "pseudoconexões". Longe de mim pensar que a tecnologia não tem seu valor (isso é praticamente indiscutível), mas percebo que muitas manifestações de doenças neuronais, que eclodem em uma crise existencial (algumas vezes), podem ter seu comprometimento acelerado pelo mau uso das novas tecnologias. Recordo aqui de um conceito do amigo e mestre Augusto Cury, quando nos faz refletir sobre a questão da síndrome do pensamento acelerado, provocada pela utilização exacerbada da tecnologia na sociedade do conhecimento ou, nas palavras do Chul Han, na sociedade do cansaço... Como isso vem afetando as crianças, os adolescentes e os jovens em suas relações e no espaço educacional!

SCHETTINI: Sem dúvida, afeta-os, e, o quanto e como, ainda não sabemos bem. Mas já conseguimos perceber como as crianças e os adolescentes estão "brigando" com o estudo da forma como a escola pede ou sugere, porque já apresentam uma visão modificada por conta da tecnologia, sobretudo, a tecnologia da informação, com toda a sua diversidade.

Eu já observo, por exemplo, as pessoas à mesa colocando seu celular ao lado dos pratos e talheres.

AMARO: Sim.

SCHETTINI: Já faz parte...

AMARO: É quase que um rito, não é?

SCHETTINI: É, e o celular não fica ali desligado, apagado, não. Com isso, as pessoas conversam pouco... Estão comendo e, daí a pouco, pisca o aparelho e vão responder mensagens...

AMARO: Há uma pesquisa da Universidade de Harvard (publicada aqui no Brasil na *Harvard Business Review*) que diz que, quando a pessoa está desenvolvendo uma atividade, em um momento de concentração – talvez seja isso um pouco –, e chega uma notificação, ela verifica o celular, para ver qual é essa notificação, e, depois, para voltar ao nível de concentração em que estava, acredite, leva em torno de nove minutos!

SCHETTINI: Para você ver o quanto isso é desgastante e desmotivador. E a criança ou o adolescente não têm ainda o discernimento necessário para entender isso, empreendendo esforços para colocar certo limite. Se nem uma pessoa adulta o tem, imagine uma criança! E isso vai interferir no estudo. Aí questionamos: a escola terá que reformular tudo, mudar tudo? Acho que não. As escolas vão ter que fazer mudanças, adaptações, e estas têm que ocorrer sempre, mas há de existir um limite. Em uma pesquisa feita de uma forma assim... empírica, com base em entrevistas de grandes expoentes da tecnologia da informação (entraram Bill Gates, Steve Jobs e muitos outros), foi-lhes perguntado como era a relação de seus filhos pequenos quanto ao uso do celular, e responderam que nenhum deles usava celular, e que só permitiriam depois – não me lembro agora exatamente – dos sete anos, oito anos...

AMARO: Recordo-me de uma matéria em que foi publicada (mas não tenho a precisão da referência) uma entrevista com alguns expoentes da área do Vale do Silício – o berço de maior fomento das novas tecnologias –, na qual se questionava onde os filhos desses *experts* estudavam, em que tipo de escola. Parece paradoxal ou certa ironia, mas os filhos desses profissionais estavam, por exemplo, em escolas cujo uso das novas tecnologias ficava praticamente em segundo plano. As aprendizagens básicas, de hábitos básicos, nessas escolas, eram o que os filhos deles vivenciavam... Então, nesse aspecto, é relevante destacar que uma coisa não se sobrepõe a outra. Muitas vezes, pensa-se que a alternativa para a solução da aprendizagem esteja unicamente nesse novo caminho – da apropriação do uso das novas tecnologias. Acredito ser importantíssimo o uso das novas tecnologias, assim como acho fundamental o papel do professor. E, assim, quero trazer um elemento praticamente esquecido hoje, seja na relação escolar, seja no cotidiano em casa. Esse fator, de forma geral, tem sido muito "negado" pelas pessoas, quando se trata de aprendizagem, pois, como estamos em uma sociedade imediatista (fruto da automação e da internet), aperta-se um botão, uma tecla e já se tem a resposta... Assim, não se tem paciência, não se tem capacidade de esperar. E, voltando ao elemento praticamente esquecido que mencionei antes, parece que as pessoas não podem viver a experiência do sacrifício. Sim, o sacrifício, a disciplina, a autorregulação – presentes na construção do conhecimento –, que, sem dúvida, são fatores importantes para a aquisição de elementos e de concepções mais elaboradas. Não sei se você percebe, Schettini, o valor que quero enfatizar desses aspectos, como disciplina, autorregulação – no tempo de foco destinado àquele processo de aprendizagem. Isso tem relevância, mas parece que não se dá a devida ênfase, não se apresenta isso como um valor. Por que estou fazendo esse aporte reflexivo?... Para falar da questão do elemento, do limite estruturante na formação do sujeito enquanto pessoa e enquanto ser aprendente, enquanto aluno e, ainda, enquanto futuro profissional.

SCHETTINI: Ah, Amaro, sem dúvida... O limite vai ser sempre um elemento importante em qualquer parte da história humana. Sem limite, não se consegue fazer as coisas que são ilimitadas, não é? Não é possível... O limite é uma disciplina. Para que existe a disciplina? Isso é interessante, em determinados aspectos... Para nos obrigar a fazer o quê? A disciplina nos obriga a executar o que queremos, mas, por alguma razão pessoal ou circunstancial, não conseguimos fazer. Então, a disciplina é importante. No que diz respeito à educação escolar, sem uma disciplina... (e aí teremos de conceituar o que é disciplina) ... você não constrói – não constrói hábitos, não reconhece valores, não se organiza internamente e, então, tende a dar valor àquilo que traz prazeres e satisfações imediatas. A questão da disciplina tem muito disso: se não traz satisfação imediata, nós a rejeitamos (com a criança é assim). Aliás, psicologicamente, observe uma criança de dois anos de idade: se você não lhe entrega algo que está querendo naquele momento, porque ela, enfim, encantou-se por aquilo, mas promete que à tarde ou no dia seguinte irá dá-lo, ela não irá aceitar. Primeiro, porque ela não tem a noção de tempo. O tempo dela é o agora, não é? Assim, ensinar disciplina a uma criança de dois anos é diferente de fazer isso na continuidade, porque ela ainda não tem essa elaboração da temporalidade... Você vai criando um ambiente; mas é necessário estabelecer uma ordem.

Amaro: Essa situação lembra um teste conhecido chamado "Teste do marshmallow".

Schettini: Sim...

Amaro: Às crianças submetidas a esse teste, era oferecido um *marshmallow*, dizendo-lhes que, se aguardassem um tempo, renunciando a comê-lo naquele momento, iriam receber dois... O resultado e a análise do teste são fantásticos! E o interessante (nesse teste aplicado) é que, depois de muitos anos, os pesquisadores retomam a comprovação desse resultado. Pois bem, anos depois da aplicação do teste, os pesquisadores constataram que essas mesmas crianças eram pessoas ditas de sucesso – tiveram oportunidades de crescimento na vida porque foram capazes de renunciar, talvez, a pequenos prazeres imediatos e alçaram outros voos. Isso foi publicado em algumas obras, mas recordo aqui o livro *Uma questão de caráter*, do autor Paul Tough, no qual ele traz um pouco dessa experiência, dessa base, ampliando a reflexão de por que determinados alunos – e não só esses que foram monitorados na pesquisa, mas outros que tinham o mesmo contexto social, elementos de composição familiar parecidos – alcançaram patamares considerados de sucesso e outros, não. A pesquisa identificou que um dos elementos mais fortes, definidores desse sucesso, era o caráter de cada um, impregnado de uma base valorativa que os alunos cultivaram fortemente ao longo da vida – considero particularmente essa abordagem importantíssima.

SCHETTINI: Eu insistiria, dentro dessa questão... na questão relacional, sabe? Porque é isso que vai criar o ambiente para que as outras coisas sejam implantadas. Sem a relação, e, quando menciono isso, estou falando de relação afetiva, não conseguimos muita coisa, não. Deixe-me fazer uma referência e voltar lá para a infância, para abordar uma questão sobre a qual falei algumas vezes: a dos nossos cinco sentidos. O que são os sentidos? São os pontos avançados para tomarmos contato, sobretudo, com o que está fora de nós. Dos cincos sentidos, dois têm a ver com a distância: a visão e a audição. É possível estabelecermos uma relação usando os sentidos da distância. Mas há os outros três sentidos, que são os da proximidade, aqueles básicos da criança recém-nascida e da criança muito pequena, para os quais muitas crianças não recebem estimulação (sentidos da proximidade), que são o tato, o olfato e o paladar. Pois bem, o tato é fundamental para o bom desenvolvimento – crianças que não são tocadas, que não são acariciadas, vão ter dificuldade de convivência, de vinculação com o outro. Tem a ver com aquilo que eu disse anteriormente, citando Paul Tillich, de aceitar a aceitação; elas têm dificuldade. Se quisermos fazer referência a uma deficiência, mas não é o caso, porque aí daríamos "pano pras mangas", mencionaríamos a criança autista. Pois, uma das características de uma criança autista, qual é? A dificuldade de tocar no corpo do outro e se deixar tocar. Há um mecanismo aí que provoca, que interpreta um receio, um medo em relação à sua individualidade. Mas há crianças autistas que, ao longo de um tempo de construção do vínculo afetivo, conseguem abrir seu corpo para o outro: elas abraçam, tocam, passam a gostar de ser tocadas, acariciadas. A criança (tirando a criança autista agora aqui da nossa linha de reflexão) que não é tocada – que é a maneira básica, vamos dizer assim, mais primitiva da expressão do afeto: o toque – pode ter dificuldades na convivência. Existe um livro muito interessante, chamado *Tocar: o significado da pele humana*, do Ashley Montagu, com apresentação de pesquisas muito benfeitas. Esse é um livro muito denso para se ler, mas nele o autor descreve, de maneira muito clara, essa questão do toque corporal. Não lembro quem, mas acredito que foi o Jean-Marie Robine, que disse: "Tudo o que toca quer ser tocado. Tudo o que ouve quer ser ouvido. E tudo o que vê quer ser visto". Tem que haver uma correspondência. Se a coisa fica "uniteralizada", ela morre no meio do caminho.

Observamos muitos alunos com problemas de aprendizagem e que têm na base (no bojo) dessa questão uma história de vínculo afetivo fragilizado, pois não foram atendidos nas suas necessidades básicas, de forma a terem um crescimento adequado para estar no mundo.

AMARO: Dessa forma, consideramos que, no papel da docência, o estabelecimento do vínculo é fundamental para que o desenvolvimento cognitivo da criança possa acontecer. Então, o professor é, muitas vezes, um "grande psicólogo" nesse espaço, porque consegue perceber esse aluno e, a partir dos sentidos, do olhar, do toque ou dos gestos, "empodera" essa criança, que vai ter, com certeza, em sua grande maioria, elementos de construções novos e de aprendizagens mais amplos. O fato é que não calculamos o quanto o professor impacta na vida do outro, ou o quanto pode fazer a diferença na vida das pessoas, não é?! Considero, nesse sentido, que o atributo de "mestre" ao professor se coaduna muito bem, pois, a partir das relações, dos vínculos estabelecidos com seus alunos, vidas podem ser transformadas.

SCHETTINI: Só para concluir, eu me lembrei de uma afirmação do Lévinas, uma citação genial, que diz: "Ser e ser para o outro são sinônimos". Mas isso aí é tema para outra conversa...

AMARO: Certíssimo! Oxalá! E que venham muitas. Abraços, amigo!

CONEXÕES E VINCULAÇÕES

Devido ao efeito do isolamento social durante a pandemia da Covid, começamos a perceber que o estar juntos, cotidianamente, tem os seus sabores e dissabores. E que, sem dúvida alguma, a ternura na convivência humana é por excelência um nutriente da vida na relação de cuidado e, por conseguinte, na relação educacional. Há, pois, uma real necessidade de vivermos essa dimensão, principalmente no estabelecimento de vínculos que são muito mais do que estabelecimento de conexões, sendo cônscios de que as dores humanas sempre farão parte do nosso existir. E que se deve aprender a cada dia: a existir naquilo que se busca e não propriamente naquilo que se encontra; lembrando que a felicidade não é ausência de sofrimento, e, sim, a capacidade de se recuperar dele, na consolidação de um senso de propósito e de ótimos relacionamentos – pois esses são os verdadeiros vínculos.

AMARO: Meu caro, repentinamente todos nós fomos "colocados" em isolamento social, devido ao efeito da pandemia da Covid. Daí, começamos a perceber que o estar juntos, cotidianamente, tem os seus sabores e dissabores. Dessa forma, tudo isso foi e está sendo uma (re)descoberta, um aprendizado em todos os sentidos. Estamos nos reinventando, principalmente, com o uso das novas tecnologias, que é uma forma de estarmos mais "próximos".

Esse tempo é extremamente desafiador, permeado por um novo cheio de incógnitas que, a meu ver, erroneamente, alguns insistem em chamar de "novo normal". Sabe, Schettini, eu penso que, na maioria das vezes, o novo em nossas vidas nasce, mas nasce com "dor de parto": custa, dói, sofre-se e, finalmente, vem-se à luz. Esse novo só será novo se cada um fizer o seu próprio novo caminho, que se complementa, coadunando-se ao caminho por excelência da convivência. E saber conviver exige uma respeitosa delicadeza no trato com o diferente.

Independentemente das funções e dos papéis que exerçamos, seja no núcleo familiar, seja na vida profissional e/ou social, devemos aprender pedagogicamente a construir um caminho de convivência fundamentado na ternura.

Sem dúvida alguma, amigo, a ternura é por excelência um nutriente da vida na relação de cuidado e, compreendida de forma específica, na relação educacional – seja presencial, seja remota. Como você afirma em seu livro *Pedagogia da ternura*, e eu concordo plenamente: "Há nutrientes que não podem ser suprimidos da vida sob pena de comprometer sua sanidade ou mesmo sua permanência".

Sob essa ótica, eu acredito que o cuidado é por excelência esse nutriente vital e educacional. Acontece que, às vezes, infelizmente, por diversos fatores, diante de um cotidiano frenético, nós não valorizamos o suficiente a relação do cuidado para com os outros e até para conosco próprios.

SCHETTINI: Com essa sua reflexão, ocorreu-me uma observação, Amaro, muito simples, por sinal, e eu acredito que muita gente até já se deu conta disso (principalmente neste tempo de pandemia), que tem a ver com o uso da tecnologia. Por um lado, a tecnologia tem trazido muitos benefícios (basta ver o seu aporte para vivermos este tempo de desafios). Mas, por outro, no seu bojo, vem também incrustado um arsenal de dificuldades e, diríamos até, de males – o que não é de se estranhar. Porque dificilmente encontramos atitudes, ações e comportamentos na convivência humana que possam ser considerados bons – sem que se deixe de encontrar algumas formas de aplicar o que entendemos como bom –, olhando sob um viés do prejuízo, em determinadas circunstâncias.

Dessa forma, isso vem ao encontro da ideia de que hoje nós vivemos um momento no mundo de comunicação muito ativa, muito persistente e, assim, percebe-se quase a todo momento que o que está ao nosso redor exige um número cada vez maior de formas de comunicação – para atender às nossas expectativas e, também, a expectativa das pessoas com quem a gente convive.

A conclusão desse cenário é que dá o que pensar... pois, no final das contas, percebe-se que as pessoas se conectam, mas não se vinculam. Essa é uma grande questão.

Há, pois, uma dificuldade de as pessoas fazerem a distinção entre a conexão e o vínculo. Muitas pensam que, pelo simples fato de estabelecerem uma conexão, do ponto de vista da tecnologia da informação (como nós conhecemos até aqui), estão paralelamente, ou de uma forma implícita, construindo um vínculo. É claro que isso não é verdade! Constate-se que fazer uma conexão pelos meios da tecnologia de que dispomos atualmente é uma coisa relativamente simples. Mas construir vínculos com as pessoas com quem a gente se conecta não é exatamente a mesma coisa. Desse modo, avoluma-se o número de pessoas que se conectam e parece diminuir o das que se vinculam por meio de uma aproximação afetiva e de uma construção mais humana e mais humanizada.

Acredito que vale a pena pensar nisso e olhar para as formas de conexões que surgem no dia a dia, nas quais as pessoas mergulham muito profundamente. Elas são simples conexões, e não nos auxiliam muito (ou nos ajudam pouco) na vinculação afetiva com as pessoas. E isso é algo que se deve interpretar, de uma forma que nos deixe com a possibilidade de usar o benefício da conexão e, ao mesmo tempo, construir uma real vinculação afetiva.

AMARO: Nesse tempo de isolamento social, certamente, se intensificaram as conexões, mas, talvez, tenhamos pouco nos aprofundado nos vínculos... Reflito aqui: um dos fatores que mais nos fazem criar vínculos, a meu ver, é quando temos a capacidade de ouvir uns aos outros. Pois, quando nos dispomos verdadeiramente a ouvir uns aos outros, potencializamos a criação de vínculos, principalmente se ouvirmos as dores uns dos outros, ou, até mesmo, se tivermos a capacidade de fazer a mea-culpa, no caso de termos sido os causadores dessas dores, porque, sem dúvida alguma, a convivência nem sempre é fácil.

A convivência entre as pessoas é sempre um processo de construção, de aprendizagem, é algo que vamos fomentando através da interlocução e da interação, todos os dias – como uma necessidade básica para sobreviver e buscar ser feliz.

De certa maneira, a convivência fundamentada e que tem expressão de ternura, permite-nos viver a persistência da vida. Lembro as palavras do teólogo Leonardo Boff, que nos diz: "Todos os seres humanos são carentes de afeto, de compreensão, de superação de limites e de frustrações. Têm necessidade de empoderamento interior". Somos seres essencialmente de cuidado e de relação de cuidado. Eu ouso dizer que o amor de Deus para conosco tem sinônimo de cuidado.

Sabe, Schettini, mais do que nunca é chegado o tempo de sermos novos na dimensão do autocuidado, numa expressão de ternura para com nós mesmos, e, para, de forma pedagógica, construirmos e manifestarmos essa dimensão entre todos nós enquanto pessoas; pois a ternura deverá ser transmutada em práticas e expressões saudáveis no cuidado da nossa saúde física, mental e espiritual, para promover a felicidade. Afinal, dificilmente seremos pessoas realizadas, felizes, se as pessoas com as quais convivemos e amamos não o forem também.

Sinto que os processos educacionais desenvolvidos (neste tempo de pandemia e de pós-pandemia), fundamentalmente no ambiente escolar (seja presencial, seja virtual), têm nesse espaço relacional a função de cultivar valores e atitudes que devem engrandecer sempre as pessoas que compõem a comunidade educativa, mas, principalmente, a pessoa do professor/educador e de seus aprendentes/educandos. Parafraseando o autor Marshall B. Rosenberg – na relação educacional –, saibam que o que nós queremos em nossas vidas é compaixão: um fluxo entre nós mesmos e os outros com base numa entrega mútua, do fundo do nosso coração. Afirmo isso, amigo, porque tenho me deparado cotidianamente com muitas dores emocionais de alunos, pais, professores e funcionários, enfim, das pessoas que integram os espaços educacionais.

SCHETTINI: Veja, Amaro, certa ocasião, depois de ouvir uma história de perda (alguém cujo filho havia morrido), retomei um pensamento antigo a respeito das perdas. As perdas não podem ser avaliadas. Elas podem ser percebidas, na maioria das vezes, e esse é o caso de quem atua na área clínica em psicologia ou mesmo no papel de professor/educador, pois, na maioria das vezes, o nosso papel é ouvir.

Ouvir passa a ser um instrumento de suma importância. Ouvir o que se diz, ouvir o que não se diz, ouvir o silêncio – era o caso –, ouvir de qualquer forma que seja possível. Isso é bom para quem ouve, porque não interfere no que se diz, e, provavelmente, é bom para quem fala ou se expressa de alguma forma, porque não se sente julgado ou avaliado, mas sim acolhido.

Sentir-se acolhido talvez seja o sentimento mais procurado por cada um de nós. Quando há acolhimento, ficam distantes o julgamento, a avaliação e tantas outras formas de tentarmos entender e de demonstrarmos nossa inquietação, nosso incômodo e, até, a nossa irritação pelas coisas que o outro valoriza tanto, mas que nós não damos o mesmo valor.

Sabe, amigo, o valor das coisas não está naquilo que muitas vezes avaliamos. O valor delas (das coisas) está na sua origem, no que se refere às pessoas que vivem tais experiências. Pois ninguém pode avaliar o sofrimento alheio, ninguém pode pesar a carga que os outros carregam. Esses são sentimentos absolutamente individuais.

Exatamente aí é que entra o respeito ao outro, independentemente do valor que nós damos àquilo que está ocupando a atenção e o sofrimento alheio.

As primeiras vezes em que me encontrei em situações dessa ordem (da perda de um filho, por exemplo), havia em mim aquele ímpeto e aquela necessidade de avaliar a profundidade, a extensão ou mesmo a intensidade do sofrimento, para saber o que fazer (com a boa intenção de ajudar). E, muitas vezes, fiquei no meio do caminho, porque não sabia como caminhar o resto do trajeto que me era exposto.

Aí, eu comecei a pensar que ouvir ainda é o melhor a fazer. Pois, quando a pessoa se sente ouvida, ela fica mais confortável, se liberta um pouco do peso que carrega, ao mesmo tempo que supõe que o outro está disponível para fazer o que for necessário, ou seja, aquilo que o outro entende que poderia servir como instrumento de ajuda.

Considero que o principal a fazer, pelo menos em relação às pessoas com quem convivemos – no ambiente profissional, escolar, pessoal ou até numa situação incidental –, é começarmos a desenvolver aquela percepção de ouvir e olhar para o outro, tendo em consideração o momento que esse outro vive – não importando o valor que damos a cada situação. Isso é algo para pensar...

AMARO: Concordo, sim... Estamos vivendo numa sociedade marcada pelo senso de urgência, pela fragilidade, incompreensibilidade e, ainda, profundamente ansiosa.

Esses são fenômenos que permeiam o nosso cotidiano, os quais acabamos reproduzindo como se estivéssemos "envoltos numa bolha", sem a capacidade de criticarmos o que está ocorrendo e, muito menos, de ter um posicionamento diferente diante das respostas às nossas necessidades pessoais de desenvolvimento, de aprendizagens e de integralidade do nosso ser.

E, ainda, com o advento e o enfrentamento da pandemia, houve um considerável aumento dos transtornos psíquicos, como afirmado anteriormente. Segundo recente relatório publicado pela Organização Pan-americana da Saúde: "O distanciamento social alterou os padrões de comportamento da sociedade, com o fechamento de escolas, a mudança dos métodos e da logística de trabalho e de diversão, minando o contato próximo entre as pessoas, algo tão importante para a saúde mental".

Voltando a atenção para os alunos, constatam-se, no retorno à dinâmica do atual cotidiano escolar, manifestações de crises de ansiedade, insegurança, automutilação, isolamento ou, em alguns casos, manifestações identificadas como "síndrome da gaiola" – termo cunhado pela Associação Brasileira de Psiquiatria (ABP), expressando a ideia de que a gaiola é aberta, mas o pássaro não quer sair.

Nesse sentido, a ABP chama fortemente a atenção dos pais, dos estudantes e dos próprios educadores, enfatizando que a escola não é apenas o lugar da aprendizagem acadêmica; ela é fundamental para a vivência de valores, de noções de convivência social, de regras, politização, independência, para aprender a lidar com os conflitos, as emoções – situações que, com certeza, não permeiam a realidade dentro de um quarto.

Diante da intensa e cruel pedagogia do vírus, cabe a todos nós sermos capazes de aprender com essa dura lição, valorizando cada vez mais o papel da educação no ambiente escolar, reconhecendo a escola como um lugar de diversas aprendizagens, fomentação da integralidade e da formação humana; entendendo que nosso papel social é preponderante para a formação de pessoas emocionalmente sadias e comprometidas com o cuidado de si, o cuidado para com os outros e o cuidado para com a Mãe Terra – a nossa "Casa comum", como afirma o Papa Francisco.

SCHETTINI: Sim... Este momento se constitui de uma observação simples, eu diria, de certo modo, até de uma observação óbvia, mas ao mesmo tempo significativa. A observação de que a dor está irremediavelmente ligada à existência. Existir, sem que pressuponhamos a possibilidade da dor em qualquer de suas formas, é negar a própria existência.

Dessa forma, parece que o existir implica alguma forma de dor, uma possibilidade de nos sentirmos desconfortáveis e até um tanto deslocados do contexto da vida – como se a dor fosse o contrário do viver; como se a dor fosse uma indicação de que estamos perdendo o brilho da vida, estamos diminuindo a nossa visão do que seja a vida. E que essa vida está escoando, quando a dor nos circunda, quando a dor nos penetra, quando a dor começa a fazer parte do nosso dia a dia... E isso não é verdade.

A dor não exclui a vida, a dor não é oposta à existência. A dor é como todos os outros elementos que nós consideramos agradáveis e até desejáveis. A dor, embora não seja desejada, persiste como um indicador da vida; pois, sem a dor, provavelmente a vida não existiria. E, nesse sentido, Amaro, já de algum tempo, vem-me "seguindo" e permeando outros pensamentos correlatos. O pensamento resumido é o seguinte: "Existo no que busco, e não propriamente no que encontro".

Há uma luta muito grande, um desejo intenso nas pessoas de encontrar aquilo que tanto fantasiam; enfim, tornar os sonhos uma realidade pontual.

Esse "encontrar" não é a mesma coisa que "buscar" – na realidade, existimos como pessoa no processo de busca. O encontrar é uma fase da busca e a consolidação do existir.

Acredito que, se pensássemos mais profundamente nisso, iríamos valorizar muito mais todo o processo de busca e olharíamos esse encontrar – o final dessa busca, se é que existe – como um ponto de um processo que não termina.

Enquanto vivemos, estamos sempre buscando, aprendendo... O buscar é que dá a energia, a motivação, o interesse, a força e a aprendizagem; utilizando até uma palavra antiga (que acho não ser comum hoje): usar o "denodo", ou seja, o esforço pessoal, a persistência. A vida, portanto, se constitui nisso, e não simplesmente em encontrar algumas coisas que desejamos ou que pontuamos como sendo significativas e objetivos de vida.

Existimos enquanto buscamos, e não propriamente quando encontramos aquelas coisas que nós entendemos e interpretamos como conquistas. A conquista é a vida, a conquista é o processo. O que ocorre nesse processo são estímulos para que o processo prossiga, para que as conexões e as vinculações verdadeiras se estabeleçam. Para isso, precisa-se olhar não para o tempo que corre, mas para nós, que corremos no tempo (que é uma coisa muito diferente). É bom pararmos para pensar um pouco nessa questão: "Existo no que busco e não no encontro".

AMARO: Amigo, suas palavras me fizeram lembrar o autor português José Luiz Peixoto, quando afirma: "Estamos aqui, nesse instante que esperou a sua vez desde o início dos tempos. Estamos aqui, o caminho também é um lugar". É chegada, pois, a hora de nos unirmos, mesmo que distantes (respeitando o isolamento social), pela fomentação de uma educação que promova vida em nosso atual contexto humano, no qual cada pessoa vai encontrando e edificando o seu projeto de vida, em sua individualidade, sim, mas sem individualismo. Está mais do que provado que somos nossos relacionamentos, somos responsáveis pelo desenvolvimento das pessoas com as quais convivemos, como uma espécie de constelação familiar na construção da felicidade. Lembrando que felicidade não é ausência de sofrimento e, sim, a capacidade de se recuperar dele. É aprender a lidar com as situações de estresse com mais resiliência possível, por meio de exercícios, assim como você se exercita para correr uma maratona; num compromisso que alinhe visão de futuro com significado, um senso de propósito e ótimos relacionamentos – essas são as verdadeiras conexões, os verdadeiros vínculos (cf. MOSS; McKEE, 2019).

E, assim, me permita concluir essa nossa interlocução com uma manifestação de gratidão e de bênção a você, por nossa amizade, e a todos que nos acompanharam nesta jornada: "Que o caminho seja brando a teus pés, o vento sopre leve em teus ombros. Que o sol brilhe cálido sobre tua face, as chuvas caiam serenas em teus campos. E até que eu de novo te veja, Deus te guarde na palma de sua mão" (bênção irlandesa).

SCHETTINI: Amém! Obrigado, amigo!

AMARO: Gratidão, irmão! Fraternal abraço!

CONSIDERAÇÕES FINAIS

No desenvolvimento de um processo educacional eficaz, faz-se necessário encontrar uma constituição de singularidade do ser pessoa, antes mesmo do ser profissional-professor. Essa constituição se plasma em uma relação de amorosidade consigo mesmo, em uma relação com o outro (principalmente o aluno) – coadunadas a um propósito existencial.

Em grande parte, os referenciais adotados nas práticas das docências têm sua origem nas experiências vivenciadas pelos professores, quando alunos – aprendizes em tenra idade. Dessa forma, surge a necessidade de se buscar uma integralidade na formação da pessoa do professor e nos seus "estabelecimentos" de vínculos construtivos com os alunos para haver eficácia no processo de ensino e das diversas aprendizagens.

Somos cônscios de que a formação educacional, antes de tudo, é uma formação relacional. Assim, um grande diferencial da educação é o olhar de possibilidades; considerando que, sem afetividade na forma de transmitir, certamente, não ocorrerá efetividade na aprendizagem do conteúdo.

Desejamos a todos os leitores e leitoras, principalmente aos envolvidos nos processos educacionais, como os professores, que as ideias contidas neste livro lhes tenham despertado a possibilidade de novos olhares quanto à consolidação de hábitos, o reconhecimento de valores e a formação do caráter – dos diversos atores educacionais, e, principalmente, dos alunos. Esse é um caminho que, certamente, nos conduzirá ao sucesso e nos tornará mais humanos.

REFERÊNCIAS

BETTO, F.; BOFF, L.; CORTELLA, M. S. *Felicidade foi-se embora?* Petrópolis: Vozes, 2018.

CHAPMAN, G. *As cinco linguagens do amor*. São Paulo: Mundo Cristão, 2013.

CURY, A. *Ansiedade: como enfrentar o mal do século*. São Paulo: Saraiva, 2013.

EDUCAÇÃO: UM TESOURO A DESCOBRIR. Relatório para a UNESCO da Comissão Internacional sobre a Educação para o séc. XXI. Brasília, 2010.

FERNÁNDEZ, A. *A inteligência aprisionada: abordagem psicopedagógica clínica da criança e sua família*. Porto Alegre: Artmed, 1991.

FRANÇA, A. L. S. *Interlocuções: reflexões sobre a vida*. 3. ed. São Paulo: Produção independente, 2021.

GRÜN, A.; ASSLÄNDER, F. *A arte de ser mestre de si mesmo para ser líder de pessoas*. Petrópolis: Vozes, 2014.

HAN, B. C. *Sociedade do cansaço*. Petrópolis: Vozes, 2015.

LÉVINAS, E. *Entre nós: ensaio sobre a alteridade*. Petrópolis: Vozes, 1997.

LISPECTOR, C. *Água viva*. São Paulo: Rocco, 2000.

MACHADO, N. J. *Educação: microensaios em mil toques*. São Paulo: Escrituras, 2011. v. III.

MASI, D. *Alfabeto da sociedade desorientada: para entender o nosso tempo*. São Paulo: Objetiva, 2017.

MATURANA, H. R. *Cognição, ciência e vida cotidiana*. Belo Horizonte: UFMG, 2001.

MEIRIEU, P. *Carta a um jovem professor*. Porto Alegre: Artmed, 2006.

MINISTÉRIO DA SAÚDE. *Saúde mental e a pandemia de Covid-19*. Disponível em: <http://bvsms.saude.gov.br/ultimas-noticias/3427-saude-mental-e-a-pandemia-de-covid-19>. Acesso em: 11/06/2021.

MONTAGU, A. *Tocar: o significado da pele humana*. São Paulo: Summus, 1988.

MOSS, J. (et al.). *Felicidade*. Harvard Business Review. Rio de Janeiro: Sextante, 2019.

ROBINE, J. M. *O Self desdobrado: perspectiva de campo em Gestalt-terapia*. São Paulo: Summus, 2006.

SAINT-EXUPÉRY, A. *O Pequeno Príncipe*. São Paulo: Pé da Letra, 2016.

SCHETTINI FILHO, L. *Pedagogia da ternura*. 3. ed. Petrópolis: Vozes, 2010.

_____. *Pedagogia da convivência: prática das relações interpessoais*. Curitiba: Juruá, 2015.

SINAY, S. *A sociedade dos filhos órfãos: quando pais e mães abandonam suas responsabilidades*. Rio de Janeiro: Best Seller, 2012.

SOUSA, J. M. *O professor como pessoa: a dimensão pessoal na formação de professores*. Porto: Asas, 2000.

THILLICH, P. *A coragem de ser*. São Paulo: Paz e Terra, 1992.

TOUGH, P. *Uma questão de caráter: por que a curiosidade e a determinação podem ser mais importantes que a inteligência para uma educação de sucesso*. Rio de Janeiro: Intrínseca, 2014.

WINNICOTT, D. W. *Os bebês e suas mães*. São Paulo: Martins Fontes, 2000.

Rua Dona Inácia Uchoa, 62
04110-020 – São Paulo – SP (Brasil)
Tel.: (11) 2125-3500
http://www.paulinas.com.br – editora@paulinas.com.br
Telemarketing e SAC: 0800-7010081